AF475639

HISTOIRE

DU

PÈLERINAGE DE LA VILLE DE BÉDARIEUX

A NOTRE-DAME DE CAPIMONT

MONTPELLIER, TYP. DE BOEHM ET FILS.

Lith. Boehm et Fils, Montpellier

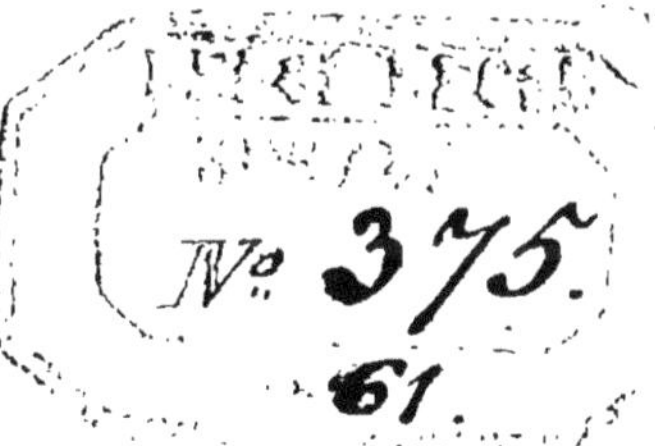

HISTOIRE

DU

PÈLERINAGE

DE LA VILLE DE BÉDARIEUX

A NOTRE-DAME DE CAPIMONT

PAR

L'Abbé J.-H. BASCOUL

BÉDARIEUX
J.-P. AUDIBERT, LIBRAIRE-ÉDITEUR

1861

Vu et approuvé.

Montpellier, le 12 juillet 1861.

Raynaud,

v. c.

INTRODUCTION.

Vers la fin du mois d'avril de la courante année 1861, il a paru une petite feuille imprimée portant un historique de la chapelle de Notre-Dame de Capimont, au diocèse de Montpellier. Au verso, est une prière au bas de laquelle on lit l'approbation de M. le Vicaire-général du Diocèse, à la date du 15 avril 1861.

Loin de moi la pensée d'attaquer cet écrit; j'en sais plutôt gré à celui qui l'a fait, puisqu'il m'a donné l'idée du petit opuscule que j'offre aujourd'hui au public. Je n'aurai garde donc de rechercher qui en est l'auteur, ou même quelle a été l'intention qui l'a dicté. L'unique but que je me propose est de rétablir les faits dans leur jour vrai, en donnant un historique exact de ce pèlerinage fameux dans notre contrée.

Je n'écrirai rien que d'après des documents authentiques puisés, partie dans les archives de la vieille ville de Bédarieux, que ce pèlerinage intéresse d'une manière toute spéciale; partie dans des manuscrits religieusement conservés par des familles dont les aïeux, à remonter à trois siècles et pendant deux cents ans, ont joué un rôle important dans l'administration de la localité; partie enfin appuyé sur la tradition générale et constante des habitants du pays, en ce qui concerne les faits qui ne sont pas consignés dans les délibérations anciennes de la communauté de Bédarieux.

Puisse ce modeste travail, que j'offre à Marie, en établissant la confiance sans bornes du pays, pendant plus de trois siècles, en la protection de la Très-Sainte Vierge, fortifier cette foi dans l'âme de nos populations, et augmenter dans tous les cœurs, en voyant ses bienfaits, l'amour que nous devons avoir pour une Mère aussi pleine de puissance et de miséricorde.

Bédarieux, 21 juin 1861.

HISTOIRE

DU

PÈLERINAGE DE LA VILLE DE BÉDARIEUX

A NOTRE-DAME DE CAPIMONT

I

Notre-Dame de Capimont. — Son origine.

A droite, sur la route de Bédarieux à Saint-Pons, et non loin du beau village d'Hérépian, on voit se détacher, avec une grâce toute naturelle, de nombreuses et vertes collines, dernières ramifications du mont Carous, dont les flancs nus et escarpés contrastent si admirablement avec les bois taillis, les forêts de châtaigniers et les prairies au milieu desquelles passe en courant la rivière de l'Orb.

C'est sur l'une de ces collines, la plus rapprochée de la route, et dominant le délicieux vallon du Poujol, que l'habitant du pays montre au voyageur étranger une maisonnette blanche; et avec toute la joie d'un cœur qui déborde : *Voyez*, dit-il, *c'est là Notre-Dame de Capimont!* et quand c'est un baigneur qui est venu à Lamalou chercher une guérison ou le soulagement à ses douleurs, il lui raconte la dévotion de la contrée à ce sanctuaire auguste.

Pour en retracer l'origine, il faut remonter bien haut dans les temps, et, à défaut de documents authentiques, consulter la tradition, écouter la seule voix de la piété, inhabile à mentir quand elle dit les bienfaits du Ciel. Or, il est raconté que Mlle de Thézan fut un jour cruellement éprouvée par la maladie. Les secours de l'art devenant impuissants, Mlle de Thézan tourna ses regards vers le ciel; elle invoqua la Mère de Dieu, et fit vœu de lui élever un autel sur la montagne si elle recouvrait la santé. A quelques jours de là, Dieu, toujours adorable dans ses desseins, accordait à Mlle de Thézan le bienfait de la guérison, qu'elle avait sollicitée par l'entremise de Marie, dont il voulait voir se propager et s'étendre le culte.

Heureuse de cette protection si manifeste de la Mère de

Dieu, Mlle de Thézan se mit à l'œuvre, impatiente d'accomplir son vœu, et bientôt sur la montagne s'éleva, par ses soins, le sanctuaire vénéré, la chapelle que l'on voit encore aujourd'hui, toute modeste, toute simple, avec son toit d'ardoises bleues, comme aux premiers jours de son existence. De là la Vierge devait protéger aussi les riches possessions de M. de Thézan, seigneur du Poujol, dont les domaines s'étendaient de Narbonne à Boisseson, et de La Salvetat à Boussagues et à La Tour, embrassant ainsi le riche et beau vallon d'Olargues, non loin duquel on voit encore aujourd'hui, sur la petite rivière du Jaur, le château du *Colombier*, appartenant à M. de Mérode, héritier et descendant de cette famille.

Une fois élevé, le sanctuaire ne demeura pas désert. On vit bientôt de nombreux pèlerins s'acheminer vers la montagne pour aller y prier. Au nombre des plus fervents fut Anne-Catherine-Sainte-Foi de Thézan, qui, tous les jours, bien souvent pieds nus, allait y offrir sa pière à Dieu dans la chapelle blanche, et qui, avant de mourir, fit élever, dit-on, le second sanctuaire que l'on voit encore aujourd'hui, à quelques pas du premier, et sous le vocable de sa glorieuse patronne sainte Anne. Derrière l'autel de la grande chapelle on voyait, il n'y a pas long-temps, dans une espèce de crypte, des ossements que la foule vénérait et que l'on dit être les restes de Catherine-Sainte-Foi de Thézan.

D'où est venu à ce sanctuaire le nom de Capimont? Il est à présumer qu'il ne lui vient que de sa position au sommet de la montagne, *caput montis*, d'où l'on a fait *Capimont*.

Quoi qu'il en soit, Dieu a permis que sa très-sainte Mère fît éclater en ce lieu sa toute-puissance suppliante en faveur de ses enfants, qui, de temps immémorial, sont allés là l'invoquer. Car comment expliquer ces touchantes manifestations de la foi populaire, se renouvelant tous les ans depuis plus de trois siècles, et s'accomplissant toujours avec tant de zèle, de piété, de religion? C'est que des vœux ont été faits au temps des grandes calamités, à l'occasion de fléaux terribles qui s'abattaient sur les populations, et la reconnaissance d'en avoir été ainsi délivrées ou préservées se perpétuait chez elles d'âge en âge, sans jamais se relâcher en rien des devoirs qu'elle impose à ceux qui ont reçu le bienfait.

II

Bédarieux. — Vœu de la ville. — Pèlerinage à Notre-Dame de Lagamas, près Gignac.

La ville de Bédarieux, assise au confluent de la rivière de l'Orb et du ruisseau de Vèbre, était loin d'avoir au XVIe siècle l'étendue et la population du Bédarieux d'aujourd'hui. Réduite aux *rues basses*, le fossé de la ville s'ouvrait dans la Grand'rue actuelle et le Marché-aux-Fruits, reliant ainsi la rivière de l'Orb à la Citadelle, dont la tour principale existe encore, je veux dire le clocher et l'église Saint-Alexandre. Bédarieux se trouvait ainsi défendu par deux rivières, un fossé large et profond, la citadelle et le rempart du côté de Vèbre. Dépendant de l'Abbaye de Villemagne, puisque le Père abbé était seigneur de Bédarieux, c'était aux R. P. Bénédictins que s'adressait toujours la communauté, peu riche alors, quoiqu'on y trouvât des usines pour fabriquer la soie et des manufactures de draps, comme l'attestent les délibérations anciennes consignées dans les archives de la ville.

Or, c'était vers le milieu du XVIe siècle, la population formant la communauté de Bédarieux se livrait à son industrie, heureuse et tranquille sous l'administration toute paternelle de ses consuls et de ses viguiers, lorsque tout à coup un fléau terrible vint s'abattre sur elle : la peste! fléau dévastateur que le ciel envoie pour le châtiment ou pour l'épreuve, mais qui n'est pas moins une grâce de la providence, en ce qu'elle donne ou l'occasion d'expier ou la crainte qui fait penser à Dieu. La ville entière en était foudroyée. Les habitants mouraient en si grand nombre qu'on n'avait pas le temps de les ensevelir; il fallait les jeter dans les rues pour débarrasser au plus vite les maisons de l'infection des cadavres, et sur le soir des civières funèbres ramassaient comme des immondices, des tas de victimes qu'on enlevait par la porte du *Pourtalet*, et qui allaient coucher dans une fosse commune. Les liens de la famille et de l'amitié semblaient brisés; personne n'osait toucher les malades, car la contagion se répandait comme une étincelle électrique. Dès lors les pestiférés mouraient sans secours, dans le plus cruel abandon, si bien que, dans un quart d'heure, la rue principale, que l'on voit encore aujourd'hui, la *rue du Puits*, vit ses habitants frappés tous jusqu'au dernier.

Aussitôt, bravant la frayeur et l'épouvante, si naturelles et si légitimes dans ces moments d'épreuve terrible, les principaux de la ville s'assemblent, le tocsin sonne l'alarme appelant les fidèles au pied des autels, et, dans l'église Saint-Alexandre, se presse une foule qui éclate en sanglots et en gémissements. Tous, le front courbé dans la poussière, demandent grâce et miséricorde à Celui qui tient dans ses mains les destinées des hommes. Ah! sans doute, le Père était en courroux parce que les enfants avaient prévariqué. Mais il est au ciel une Mère, ange de paix et de réconciliation, s'interposant toujours entre le Juge irrité et le coupable, pour lequel elle sollicite la miséricorde : c'est la Vierge Marie! Instinctivement les regards de la foule affligée se sont portés sur son image bénite. Cette vue ranime leur courage. Ils ont foi que la Vierge Mère triomphera du courroux céleste. Elle s'adressera pour eux à son Fils; elle lui montrera le sein qui l'a allaité ; elle lui dira : Je suis votre Mère! Pitié pour ces enfants qui demandent grâce!... Pleins de confiance en la miséricordieuse bonté de Marie, un cri unanime s'échappe aussitôt de tous les cœurs : *A Notre-Dame! à Notre-Dame!* Ils se relèvent.... et les consuls, le viguier, les prêtres qui partagent la douleur commune, les habitants que le fléau a épargnés, jurent, la main levée vers le ciel, qu'ils rendront à Dieu leurs hommages, en accomplissant un pèlerinage au sanctuaire de Notre-Dame de *Lagamas*, où la Très-Sainte Vierge avait tant de fois fait éclater sa puissance.

C'était le soir, le rendez-vous fut donné pour le lendemain, six heures, au pied de l'autel de Marie. Le saint sacrifice devait y être offert, de là ils devaient s'acheminer vers le sanctuaire de la Miséricorde. Le fléau, qui s'était déchaîné pendant quelques jours avec tant de fureur, sembla diminuer d'intensité. La mort fit de moins nombreuses victimes. Trois jours entiers furent consacrés à cette expiation. A leur retour à Bédarieux, la contagion avait cessé : le glaive de Dieu ne frappait plus, et le peuple assemblé délibéra avec ses prêtres et ses consuls que, tous les ans, à perpétuité, la communauté de Bédarieux ferait son pèlerinage à Notre-Dame de *Lagamas*, au diocèse de Lodève et non loin de Gignac.

J'ai recueilli de la bouche d'un vieillard octogénaire qui le tenait de son aïeul, à qui il l'avait souvent entendu raconter, que le prêtre qui faisait à cette époque l'office de curé dans la ville, effrayé à la vue de tant de ruines et de malheurs et n'écoutant que sa foi, se revêtit de ses habits sacerdotaux, prit le très-saint Sacrement à la main, et se mit à parcourir ainsi toutes les rues de la ville, pleurant et demandant grâce pour son peuple, si cruellement affligé.

III

Sac de Bédarieux par les protestants.

C'était avec bonheur et tout à la fois avec tristesse que la communauté de Bédarieux voyait approcher le jour anniversaire de son pèlerinage. Elle était heureuse à la pensée qu'elle allait acquitter envers Dieu la dette de la reconnaissance, et pourtant, le souvenir des parents et des amis enlevés par le fléau lui mettait au cœur un sentiment de tristesse profonde. Sa fidélité néanmoins était toujours grande, et les bénédictions de Dieu descendaient sur elle. Il le fallait bien, car la petite communauté ne tarda pas à attirer de son côté des regards d'envie.

Lunas et Faugères, peuplés de protestants, se liguent contre elle. Dans leur dessein, ils veulent la détruire ou au moins la réduire à l'impuissance, et s'établir ensuite dans ce lieu, objet de toutes leurs convoitises. L'occasion ne pouvait être plus favorable pour accomplir un projet tramé dans l'ombre et de longue main. Le jour anniversaire du vœu de la ville approchait, et les habitants de Bédarieux devaient être occupés durant trois jours, au sanctuaire de Notre-Dame de *Lagamas*, aux devoirs de la reconnaissance.

C'était le jour lendemain de Pâques. La caravane s'était mise en marche. Sortie de la ville par la porte du *Pourtalet*, la procession s'avançait de grand matin, dans le plus bel ordre, au chant des cantiques et au son des cloches, qui allaient à toute volée. Des mulets portaient des enfants, des vieillards et des infirmes, et dans de larges paniers d'osier suspendus aux flancs de paisibles montures étaient les aliments nécessaires aux pieux pèlerins pendant les trois jours d'absence.

Or, le soir du premier jour était venu : un pâle soleil d'avril éclairait de ses derniers rayons le sommet de Tantajo, les sentinelles laissées pour la garde de la ville allaient et venaient des fossés au rempart, attentives au moindre bruit, car la vallée était silencieuse, la ville privée de ses habitants; seule la rivière de l'Orb murmurait doucement sur son lit de cailloux. Peu à peu les ombres descendirent des montagnes, et la nuit étendit son voile sur la terre. Les portes de la ville étaient fermées, et les sentinelles, ayant sifflé du haut des remparts une chanson guerrière, s'étaient laissées aller au sommeil.

Dix heures venaient de sonner au beffroi, et on pouvait distinguer à la clarté douteuse des étoiles et voir se glisser lentement dans les ténèbres, comme des ombres qui se dessinaient une à une sur le mur grisâtre de la ville, du côté de la rivière. Arrivées devant une grille de fer qui défendait l'entrée d'un aqueduc, et qu'on avait négligé de surveiller, elles disparaissaient, et toujours régnait le plus profond silence. Tout à coup un bruit affreux retentit dans la ville, du côté de la citadelle. Ce sont des cris sauvages auxquels se mêlent les coups redoublés du marteau démolisseur et le fracas des murs qui s'écroulent. Les sentinelles endormies se réveillent; le tumulte augmente : le combat venait de s'engager. J.-F. Coste, cellérier de l'abbaye de Villemagne, qui avait été envoyé à Bédarieux à la tête de cent hommes pour protéger la ville, veut racheter, par sa valeur et son courage, sa vigilance mise en défaut. La honte de s'être laissé surprendre redouble ses forces. Il veut mourir à la tête des siens, qui plient déjà sous le nombre. Se multipliant avec le danger, il s'ouvre un passage à travers les rues étroites de la ville, au milieu des agresseurs, dont le nombre augmente à chaque instant. Il va droit à la citadelle. Arrivé sur la place, où l'ont suivi quelques-uns des siens, les plus hardis et les plus intrépides, la victoire semble se mettre de son côté. Déjà de nombreux huguenots sont tombés sous ses coups, quand Raymond de Faugères, leur chef, se présente. Le cellérier ne met pas longtemps à le reconnaître dans l'ombre. Il s'élance aussitôt sur lui le fer à la main, et il allait le frapper lorsqu'il se sent atteint lui-même dans les flancs par une main ennemie. Il s'affaisse sur lui-même et tombe : la blessure était mortelle. Coste est mort ! Coste est mort ! s'écrie l'insolent vainqueur. Quelques instants après, la petite troupe à demi-détruite ne résistait plus : les huguenots étaient victorieux. Ils s'emparèrent de la citadelle, détruisirent l'église et pillèrent la ville. A dater de ce jour, Bédarieux n'eut plus seulement que des catholiques, il vit s'établir dans son sein les partisans de la Réforme, qui font aujourd'hui le douzième de la population.

Le lecteur ne doit point juger ce fait par les idées qui ont cours aujourd'hui. A l'époque où Bédarieux fut pris par les protestants, les guerres de religion étaient en pleine effervescence, et très-souvent de ville à ville, de village à village, de château à château, c'étaient de terribles représailles. D'ailleurs, les catholiques de Bédarieux ne tardèrent pas à prendre leur revanche. Quelques années plus tard, les protestants étaient acculés dans les gorges de Saint-Étienne-de-Mursan, et le *Roc* ou le *Saut des Huguenots,* nom donné à un défilé situé non loin du confluent de la rivière de Mare et du ruisseau d'Espaze, atteste de leur défaite. Ne pouvant fuir, ils furent précipités du haut de ce roc, qui fut pour eux une vraie roche tarpéienne.

—

IV

Translation du pèlerinage à Capimont.

Bien grande fut la désolation et la douleur des pèlerins, à leur retour à Bédarieux. L'église où était la citadelle n'existait plus; partout étaient amoncelées des ruines; partout les ennemis avaient laissé d'horribles traces de leur passage. Que fera-t-on dans ces tristes conjonctures? Le conseil général s'assemble, et on délibère que la citadelle et l'église seront reconstruites ; mais l'accomplissement du vœu les expose encore à de nouveaux désastres. Les consuls ouvrent un avis , les prêtres s'y associent, et le peuple, de concert avec ses consuls et ses prêtres, propose de transférer le pèlerinage de Notre-Dame de *Lagamas*, trop éloigné de Bédarieux pour laisser la ville exposée une seconde fois à être surprise par les réformés. *Capimont* n'est qu'à une lieue de la cité ; la Mère de Dieu n'a-t-elle point fait éclater là aussi sa puissance protectrice? Quelques heures seulement suffiront à l'accomplissement de ce devoir sacré, et la ville sera à même d'être vigoureusement défendue par la communauté entière, en cas d'une nouvelle attaque. Monseigneur l'évêque de Béziers, à qui l'on vient de soumettre ce désir, approuve le parti qu'on vient de prendre, et rehaussant par sa présence la sanction qu'il donne au projet de la ville, il assistera lui-même à l'accomplissement du vœu, et, se faisant Bédaricien pour quelques instants, avec la ville entière, il montera à *Capimont* pour le vœu de ses pères. C'était au commencement du XVIIe siècle. On trouve, en effet, dans les archives de la communauté de Bédarieux, une délibération qui, par sa précision et son étendue, ne laisse aucun doute sur l'époque, le motif, le but et les obligations, soit des consuls, soit des juges, soit même des habitants, dans l'accomplissement du vœu.

« En l'an 1743, est-il dit, et le premier mars, le conseil » général de la communauté de Bédarieux, assemblé dans » les Archives de la dite ville, et du commandement de » MM. les consuls, et par-devant Me Jean-François Mon- » tagnol, avocat au parlement et juge du dit Bédarieux, il » a été proposé par le sieur Paul Belugou, deuxième con- » sul, que le collecteur Jean Monier ayant porté les comptes, » il est arrivé que, faute d'un éclaircissement solide, plu- » sieurs articles auraient été rayés dans les comptes de

» 1732, 1734 et 1738, ce qui donne lieu au dit sieur Mo-
» nier de revenir contre les consuls et la communauté, puisque les dépenses mentionnées aux dits articles ont été réellement et utilement faites. »

Au nombre de ces dépenses, on en trouve une relative au repas des consuls et des prêtres à Notre-Dame de *Capimont*. Nous lisons, en effet :

« Il en est de même de la dépense du repas de Notre-Dame, sy l'on considère que la communauté a suivy cet usage établi depuis le commencement du dernier siècle (XVIIe), à cause d'un vœu fait à l'occasion de la contagion, à Notre-Dame de *Cavimont*, éloignée d'une lieue de Bédarieux, où la paroisse fait une procession, le lendemain de Pâques, chaque année, pour remplir le vœu fait par leurs ancêtres ; et la dépense dont s'agit ne consiste qu'en un petit repas que l'on y fait porter pour les prêtres qui vont y dire la messe, et pour les consuls *qui sont obligés d'assister à la procession* ; que si cette dépense n'a pas été imposée ni authorisée, c'est qu'elle a toujours été prise sur les émoluments de la communauté ; et, si elle était discontinuée, la procession le serait aussi, ce quy causerait du trouble dans la communauté ; et attendu que cette dépense est modique et qu'*elle est authorisée par un usage de près d'un siècle et demy*, comme il résulte des délibérations de ces temps-là, on doit espérer qu'elle

» sera rétablie. On doit même observer que, dans cette
» dépense, sont comprises les journées de quatre hommes
» choisis par les consuls pour faire ranger la procession,
» et les frais qu'il faut faire pour placer des charrettes et
» des planches sur la rivière de *Mare*, où il n'y a aucun
» pont pour faire passer la procession. »

Il y aurait donc, non plus 320 ans, mais 260 ans, à peu de chose près, que la ville de Bédarieux monte à *Capimont* tous les ans, pour accomplir son vœu. La chapelle existait donc à cette époque, et la puissante protection de la Très-Sainte Vierge avait dû plusieurs fois éclater sur la montagne. Honneur donc aux habitants de Bédarieux, dont la foi vive et la dévotion à Marie les encouragent à gravir, tous les ans, les flancs rudes et escarpés de la sainte montagne !

V

Bédarieux est encore éprouvé par la peste. — Pèlerinage à Capimont.

Il est rapporté dans l'histoire qu'en l'année 1720, une peste effroyable débarquée par un navire venu de l'ancienne Sidon, envahit subitement la grande ville de Marseille. A l'apparition du fléau, nobles, riches, magistrats, tout fuit devant la contagion. Le lazaret se trouve sans intendant, les hospices sans administrateurs, les tribunaux sans juges, l'impôt sans collecteurs, et bientôt toutes les places publiques, toutes les rues de la cité, n'offrent plus aux regards que des amas monstrueux de cadavres laissés sans sépulture pendant quinze jours et trois semaines entières, et devenus en bien des endroits de la ville la nourriture des chiens affamés. La crainte de la contagion s'emparant des esprits, et tous les sentiments de la nature cédant au désir de conserver la vie, presque tous les malades furent mis hors de leurs maisons, les enfants par leurs propres pères, les pères par leurs propres enfants, et furent placés et abandonnés, sans presque aucun secours, au milieu des morts, dans ces rues devenues à la fois autant d'hôpitaux infects et d'affreux cimetières. Les habitants saisis d'horreur et d'effroi prirent en vain le parti de s'enfermer dans leurs maisons, ou d'aller chercher leur sûreté et leur conservation à la campagne ; le peste les y suivit. (Récit de M de Belzunce.)

Toutes ces scènes lugubres qui se déroulaient effroyables sur un grand théâtre, en 1720, avaient eu leur entier accomplissement un siècle plus tôt, vers l'année 1612, dans la petite ville de Bédarieux. Déjà éprouvée par la peste noire, lors de son vœu à Notre-Dame de *Lagamas*, la petite communauté, à la nouvelle irruption du fléau, sent son cœur qui se brise, et, dans sa douleur profonde, elle se demande avec angoisse si le Tout-Puissant veut l'anéantir. N'a-t-elle pas été fidèle à ses promesses ? Pendant son pèlerinage à Notre-Dame de *Lagamas*, la ville n'a-t-elle pas été pillée, la citadelle détruite, son église renversée ? Depuis, n'a-t-elle pas relevé les pierres du sanctuaire ? Oh ! sans doute. Mais, je l'ai dit, les fléaux que le ciel envoie sont toujours une grâce de sa providence qui, après avoir donné l'occasion d'expier ou la crainte qui fait penser à Dieu, les fait servir à perpétuer au milieu d'une population mixte, le culte qui doit être rendu à la Mère du Christ, et associer plus tard ses ennemis à ces touchantes manifestations en faveur de la Vierge immaculée.

La communauté affligée renouvela son vœu ; elle jura qu'à l'avenir, et jusque dans la postérité la plus reculée, elle léguait à ses descendants l'obligation de la reconnaissance. La contagion cessa aussitôt, après cependant avoir frappé de nombreuses victimes. Elle ne devait reparaître que dans ces dernières années, pour affliger encore la ville déjà si cruellement éprouvée, à remonter à deux siècles. Mais au milieu même de notre douleur, hâtons-nous de le dire, l'année 1854 fut témoin d'un spectacle touchant : elle vit les enfants de Marie et les adversaires de son culte, unanimes dans les hommages rendus à la Mère de Dieu sur la montagne. On dit, en effet, qu'à l'époque du choléra, les protestants de Bédarieux se joignirent aux catholiques et allèrent processionnellement au sanctuaire vénéré de Capimont.

VI

Bédarieux préservé de la peste. — Sa fidélité au vœu de de ses pères.

Après de si terribles épreuves, la ville affligée devait obtenir du ciel le bienfait de la préservation. De nouveaux fléaux viendront visiter la contrée, frapper aux portes de la cité reconnaissante, elle sera toujours épargnée. Sa fidélité aux promesses lui en est un sûr garant, et désormais la Vierge de *Capimont* la protége.

Or, c'était le vingt-quatrième jour d'août de l'année 1649, le bruit se répand tout à coup dans la ville que la contagion sévit à Nimes et dans plusieurs autres localités de la vieille province d'Occitanie, plus rapprochées de Bédarieux; avis en a été donné à l'un des consuls. Aussitôt la communauté s'assemble, on délibère sur la place publique, et, sur la demande des habitants «*de la façon qu'on doit pourvoir* »*pour la conservation de la santé*, on donne pouvoir aux

» consuls de faire fermer à pierre sèche tous les endroits » qui sont ouverts autour de la ville, excepté la porte du » *Pont* et celle du *Pourtalet*. Pour fermer ces deux portes » pendant la nuit, les sieurs consuls feront poser le clédat » qui est à l'église à la porte du *Pont*, et en feront faire un » autre pour fermer celle du *Pourtalet* avec une serrure » et clef pour fermer les dits clédats, le tout aux dépens de » la communauté. »

Au mois de septembre de la même année, la contagion sévissant encore, le même conseil fait savoir aux villes de Clermont, Pézenas et Béziers, *comme quoi la volonté de la communauté n'est pas que la foire de Saint-Michel se tienne, à cause de la contagion.*

Quatre-vingts ans plus tard, une épidémie terrible ravage encore la contrée. La population de Bédarieux s'émeut de nouveau, et de plus radicales et plus minutieuses précautions sont prises. Le commerce en souffrira : ses usines à soie, qui sont toute la richesse du pays, ne pourront plus travailler, n'importe ! Le conseil s'assemble encore dans la place publique, la communauté délibère, et on décide « que les égouts destinés à l'écoulement des résidus de la » fabrication de la soie seront aussitôt détruits et comblés, » on repavera les rues et on établira une ronde de nuit » composée de dix habitants choisis par les consuls, à l'effet » d'empêcher tout étranger d'entrer dans la ville avant

» d'avoir exibé un certificat de santé et d'avoir fait quarantaine. » Toutes ces précautions auraient été inutiles ; mais, encore une fois, Notre-Dame de Capimont veillait sur Bédarieux, et à son tour elle se montrait pour ainsi dire reconnaissante en récompensant la fidélité.

Je viens d'écrire le mot fidélité! Faut-il que je donne des preuves ? faut-il que j'établisse par des témoignages écrits que Bédarieux n'a jamais discontinué son pèlerinage? Cela me sera facile, et le lecteur me permettra d'insérer ici, comme à leur place la plus naturelle, le résumé de trois délibérations de la communauté de Bédarieux, prises en assemblée générale à diverses époques, et toutes à l'occasion de dépenses faites par la communauté pour la procession à Notre-Dame de *Capimont*. La première est de 1731.

Dans une assemblée générale du 17 juin de cette même année, on voit le sieur Joseph-Gabriel Médailhe, premier consul, « proposer de payer au sieur Sableirolles, fermier » des R. P. Bénédictins de Villemagne, une livre dix sols, » à l'occasion des planches que ce dernier a fournies pour » faire passer la rivière de Mare à la procession de la com» munauté de Bédarieux, qui a coutume d'aller à *Capimont* » le lundi de Pâques. »

« En 1738, le conseil général assemblé dans les Archi» ves de la ville, du mandement du sieur Joseph-Gabriel

» Médailhe, premier consul, et des S. S. Guilhaume Boubals » et François Caumette, deuxième et troisième consuls, et » par-devant Me Jean-Charles d'Abbes, avocat au parlement » et juge de la dite ville, approuve la dépense de 14 livres » pour le repas ordinaire de MM. les prêtres et les consuls » lors de la procession à N.-D. de *Capimont*, se montant » à 14 livres. » Ont signé cette délibération : Montagnol et Carayon consuls, d'Abbes, Alzieu, Fabre, Bornes, Gourc, Gignès, Seguy, Fabregat, Olivier, et Rives greffier.

« En 1741 et le vingt-neuvième jour du mois de mars, » le conseil général de la communauté de Bédarieux assem- » blé dans les Archives de la dite ville, du mandement de » MM. les consuls et par-devant Me Jean François Monta- » gnol, juge, sur la proposition qu'il a été fait une réparation » aux vitres de l'église, montant onze livres qui ont été » payées, demande que cette dépense soit approuvée et aussi » le repas de N.-D. de *Capimont*, lors de la procession de » l'année dernière, montant vingt livres qui doivent être » payées. Sur quoi délibéré a été que la communauté ap- » prouve les dépenses ci-dessus et donne pouvoir d'expé- » dier le mandement pour la dite somme de vingt livres.

» Sur quoi le sr Montagnol, juge, autorisant la dite déli- » bération, a interposé son décret et autorité judiciaire et » s'est signé avec les deux consuls, habitants délibérants » et le greffier. »

Montagnol juge, Pélissier premier consul; d'Abbes, Belugou consuls, Gignès, Carayon, etc.

Enfin, au 1er mars 1743 on trouve une dernière délibération rapportée au chapitre IV de la présente notice, et qui ne laisse plus de place au doute. Pourquoi n'ajouterions-nous pas que jusque dans ces derniers temps, l'administration de Bédarieux votait comme ses devancières une somme de ....., tous les ans, pour subvenir aux frais de la procession à Notre-Dame de *Capimont*.

VII

Saint-Louis de Bédarieux à Capimont.

Or, à dater surtout du commencement de ce siècle, la ville de Bédarieux prit un accroissement rapide, grâce à son industrie et à son commerce. Le faubourg Saint-Louis, qui ne comptait que quelques maisons, grandissait à son tour, et bientôt une population de près de quatre mille âmes sembla consacrer l'existence de deux Bédarieux, l'ancien et le nouveau, l'ancien sur la rive gauche de l'Orb, le nouveau sur la rive droite, renfermant en total une population de douze à quatorze mille âmes. Les besoins se multipliant donc tous les jours, la chapelle de l'hospice, dus l'un et l'autre au zèle charitable, persévérant et éclairé du vénérable M. Tarroux, alors vicaire à Bédarieux, fut naturellement désignée comme devant former le centre d'une nouvelle paroisse, et en 1837 parut le décret royal créant la succursale Saint-Louis de Bédarieux.

Ce fut alors qu'on vit s'établir de nobles et louables rivalités pour le bien et dont le peuple devait retirer les plus grands fruits. Ces élans du zèle sacerdotal, on les vit éclater aussi dans l'accomplissement du vœu à *Notre-Dame de Capimont*. En 1840, en effet, et dans un sentiment de pieuse émulation, les nouveaux paroissiens de Saint-Louis auraient voulu que les deux paroisses fussent aptes également à porter alternativement les vœux de la cité aux pieds de Marie. Mais les paroissiens de Saint-Alexandre revendiquant leurs droits, qui étaient aussi leur honneur, il fut décidé par l'autorité épiscopale, et sur les réclamations des personnes les plus pieuses et les mieux intentionnées, *que la paroisse Saint-Alexandre serait seule compétente pour représenter la ville de Bédarieux dans son pieux pèlerinage à Notre-Dame de Capimont*. Depuis ce jour, on vit les deux paroisses concourir avec un zèle égal à la gloire de la procession commémorative du vœu de leurs pères. Ce zèle sembla même recevoir un nouvel élan de l'arrivée d'un nouveau curé dans la succursale Saint-Louis, et ce ne fut pas sans émotion que l'on entendit celui-ci, au retour de la procession de 1858, témoigner, du haut de la chaire de Saint-Alexandre, de sa volonté pour continuer la sainte tradition de son vénérable prédécesseur, M. Chabbert.

Pourquoi la joie que tous éprouvaient alors de cette

union fut-elle de si courte durée? Je ne sais; mais le fait est qu'en 1860, la paroisse Saint-Alexandre montait *seule* à *Notre-Dame de Capimont*, ainsi que cela résulte de la relation suivante, que je prends dans une feuille périodique de l'époque[1].

Relation du pèlerinage de Bédarieux fait à Notre-Dame de Capimont en l'année 1860.

« C'est hier, troisième dimanche après Pâques, que la ville de Bédarieux a accompli une manifestation de reconnaissance à *Notre-Dame de Capimont*. De grand matin, les cloches de la paroisse Saint-Alexandre, sonnant à toute volée, ont salué l'aurore d'un si beau jour. La ville entière était en fête, et certes sa joie était bien légitime : c'était le 320e anniversaire du vœu de ses pères.

» A six heures du matin, le signal du départ était donné, et sur la place, devant l'église, on voyait se ranger avec empressement, sur deux longues files, les nombreux pèlerins qui se rendaient au sanctuaire vénéré. Un trajet de plus de deux heures de route ne saurait arrêter leur zèle. Ce sont d'abord les enfants, rangés en bon ordre, sous l'étendard de la croix; ils ouvrent la marche. Après eux viennent

---

[1] *Echo de Lodève*, 6 mai 1860.

les femmes, les mères, recueillies, portant d'une main, proprement disposé dans un panier blanc, le repas du matin de la famille, de l'autre faisant dévotement glisser un à un, sous leurs doigts, les grains de leur rosaire. C'est ensuite la Persévérance des enfants de Marie et la Congrégation des demoiselles, toutes vêtues de blanc et couvertes de longs voiles; on dirait, à leur recueillement, des anges qui passent. Leurs chants de reconnaissance et d'amour à la Vierge Mère retentissaient dans les airs. Leur bannière était une oriflamme représentant, dans son écusson, Marie couvrant de son manteau ses enfants bien-aimées. Enfin, venaient les hommes, les magistrats de la cité, l'autorité militaire et le conseil de fabrique de la paroisse. Le clergé couronnait cette belle et magnifique procession. Ah! qu'ils étaient beaux ces hommes! Non, la foi n'est pas morte!... Eux aussi priaient; ils chantaient les Litanies de la Vierge, et leurs voix mâles et sonores faisaient monter de leur cœur jusqu'au ciel la touchante expression de leur amour. Les fidèles de la succursale Saint-Louis de la même ville n'avaient point voulu se séparer de la paroisse Saint-Alexandre, et, par leur présence en masse à cette procession, ont fait justice de certaines prétentions ridicules qu'on s'était efforcé de leur faire partager.

» Il faisait beau les voir, ces Bédariciens, modestes, pieux, recueillis, gravissant la pente escarpée de la montagne au haut de laquelle est assis le sanctuaire. Les sinuosités de l'étroit sentier qui y conduit et couvert de pèlerins, étaient d'un effet charmant. A neuf heures, M. le doyen de Saint-Alexandre avertissait la foule qu'il allait offrir le saint sacrifice. Pas un cri, pas un mouvement, mais le recueillement le plus profond, la piété la plus vraie n'ont cessé de régner pendant la messe célébrée presqu'en plein air, dans une petite chapelle qui protége l'autel. Disons que le chœur des chanteuses de Saint-Alexandre, dirigé par M. Cabanel, notre organiste, a fait entendre tout ce temps de douces et délicieuses mélodies. La messe terminée, le père a cherché son enfant, la mère sa fille, les amis se sont réunis, et le sommet de la montagne s'est trouvé en un instant transformé en un immense réfectoire, où éclatait de toute part la joie la plus vive, celle qui vient de la piété et de la satisfaction d'avoir accompli une promesse faite à Dieu et un vœu à la Vierge Marie. Je me suis dit, en voyant ces deux mille personnes prendre leur repas : C'est ainsi que cela se passait sur la Montagne, lorsque le Sauveur distribuait à la foule qui l'avait suivi les poissons et les trois pains d'orge de l'enfant de la Judée. Ainsi devaient encore se célébrer les agapes des premiers chrétiens, sans désordre, sans scandale, l'innocence et la frugalité présidant à ce repas pris en commun.

» Le repas fini, la foule se rendit encore au sanctuaire vénéré, et, après les vêpres de la Vierge solennellement chantées, elle redescendit la montagne, emportant avec elle les bénédictions du ciel. Les pieux habitants d'Hérépian, petit village assis au bas de la montagne, formaient la haie sur la grand'route, admirant en silence la foule recueillie, s'allongeant encore sur deux longues files au son des cloches de leur église, et reprenant le chemin de Bédarieux.

» L'ordre le plus parfait n'a pas cessé de régner un instant, malgré la pluie qui tombait à la rentrée de la procession à Bédarieux, et M. le curé de Saint-Louis a pu, avec la foule qui était accourue au passage des pèlerins, admirer avec bonheur, du haut du balcon où il était placé, le recueillement, la piété, l'entrain de la ville et des fidèles de sa paroisse dans l'accomplissement du vœu de leurs pères.

» A trois heures de l'après-midi, la procession rentrait dans l'église Saint-Alexandre, au chant des hymnes et des cantiques, au son des tambours et des fifres qui battaient la marche par intervalles. La tribune, la nef et les chapelles étaient remplies comme aux jours de nos grandes solennités, et bien douce et bien agréable a été notre surprise en voyant les membres d'élite de l'*Orphéon Sainte-Cécile* debout dans le sanctuaire, venant, eux aussi, prêter

leur concours harmonique à cette fête religieuse et com-
némorative. M. le doyen, qui avait présidé la cérémonie,
a senti le besoin de témoigner à cette foule, à ses enfants,
oute la satisfaction qui débordait dans son âme ardente.
'araphrasant avec un admirable à-propos le psaume 115
(*Credidi propter quod locutus sum*), il nous a montré nos
ères dans la foi empruntant les paroles du Roi prophète,
our faire à Dieu, au jour de la calamité, l'hommage d'une
onfiance filiale, se proclamant à la fois les serviteurs de
Dieu et les enfants de Marie, et trouvant dans un vœu so-
ennel à la Mère des miséricordes un salutaire abri contre
in fléau dévastateur. Sous sa parole brûlante, l'on croyait
voir les générations succédant aux générations et portant,
lepuis bientôt plus de trois siècles, au sanctuaire vénéré
le *Capimont*, les vœux et les louanges de la cité tout en-
ière. M. Martin a été beau surtout lorsque, dans une magnifique prosopopée, soulevant la pierre sépulcrale qui
ouvre les cendres de nos aïeux, il les a ranimées et nous
 fait voir nos pères venant reconnaître dans ceux qui
avaient gravi la sainte montagne les émules de leur piété,
es dignes héritiers de leur foi. Il a terminé par ces mots:
'rions, mes Frères, prions pour tous! prions!... même
our ceux qui ne veulent pas prier avec nous!.

» Cette chaleureuse allocution a vivement impressionné
'auditoire. Pendant que M. le curé doyen se rendait à

l'autel, l'orphéon nous a chanté son délicieux *Adoro te supplex*. Ce morceau d'un effet saisissant n'a pas été exécuté en entier. Nous avons regretté de ne pas entendre le solo de basse-taille dans lequel M. Benoît déploie toutes les ressources de sa belle voix, sonore, douce, agréable dans ses notes les plus hautes, imposante et creusant, si nous pouvons le dire ainsi, avec la plus grande facilité, jusques aux sons les plus graves. Mais nous avons été amplement dédommagés, et l'auditoire a été impressionné au plus haut point par un solo de ténor accompagné par le chœur tout entier à bouche fermée, produisant un effet de sourdine des plus neufs et des plus saisissants. La cérémonie s'est terminée par la bénédiction solennelle du très-saint sacrement.

»Nous espérons que Bédarieux ne perdra pas de longtemps le souvenir d'une si belle fête.»

P. X.

Qu'elle fut donc belle et imposante la procession de l'année 1860 à *Notre-Dame de Capimont!* Non! elle ne le cédait en rien à celle des années précédentes par la piété, le recueillement, le zèle, l'affluence nombreuse, l'ordre constant et parfait, en un mot par tout ce qui pouvait rendre éclatante et solennelle cette procession commémorative.

Et pourtant, si belle qu'elle fut, une lacune à jamais regrettable se faisait sentir ; il lui manquait quelque chose, la présence de la paroisse Saint-Louis qui se contenta de faire plus tard une procession de *grande dévotion*.

Or, encore ici, pourquoi l'abstention de cette paroisse ? pourquoi cette scission dans une cérémonie commémorative du vœu fait par la ville entière ? pourquoi les efforts que fit, dit-on, la paroisse Saint-Alexandre pour l'empêcher, ne purent-ils aboutir ? C'est ce qu'il ne m'appartient nullement d'examiner. Je dirai seulement, dans l'indépendance d'une pleine et entière impartialité, qu'autant certaines personnes déplorent, en faisant des vœux pour qu'elle cesse, une séparation qu'elles considèrent comme funeste et nuisible au bien, autant j'y applaudirais moi-même, s'il m'était prouvé qu'elle doit contribuer à la gloire de Marie et à l'extension de son culte. Quoi qu'il en soit, à dater de 1860, la paroisse Saint-Louis n'accompagna plus la paroisse Saint-Alexandre dans son pieux pèlerinage. C'est sans doute à cause de cela qu'on lit, en parlant de Capimont dans la feuille imprimée que j'ai sous les yeux : *la paroisse Saint-Alexandre s'y rend le troisième dimanche après Pâques, et la paroisse Saint-Louis de Bédarieux le dimanche dans l'octave de l'Ascension*. Il est pourtant nécessaire d'ajouter que la première s'y rend pour accomplir le vœu de la ville, accompagnée de toutes les autorités qui assistent *officiellement* à la procession ; la seconde ne fait qu'une procession de *grande dévotion*. (Lettre de M. le Vicaire Général de Montpellier du 26 avril 1860.)

VIII

Capimont est visité tous les ans par les paroisses voisines du Sanctuaire.

A part la ville de Bédarieux, qui, comme je viens de l'établir, accomplit, depuis bientôt *trois siècles*, son pèlerinage à Capimont, on compte encore sept paroisses voisines du sanctuaire, tout aussi fidèles à gravir la sainte montagne au jour fixé par l'usage ; ce sont : le Poujol, les Aires, Hérépian, Villecelle, Combes, Villemagne et Taussac.

On n'a rien de bien positif sur les pèlerinages que ces diverses localités accomplissent tous les ans sur la montagne. J'aurais voulu, pour chacune d'elles, faire le même travail de recherches que pour la ville de Bédarieux ; mais l'absence complète de documents authentiques, en m'exposant à des inexactitudes, me ferait peut-être surprendre la foi antique de ces bonnes populations, auxquelles j'aime mieux laisser leurs pieuses légendes. Il est une chose pourtant que je constaterai avec plaisir, c'est la fidélité constante de ces paroisses à gravir, tous les ans, au jour fixé par l'usage, la montagne vénérée de *Capimont*, et leur piété, leur zèle, leur recueillement, leur bon esprit dans l'accomplissement de leur pieux pèlerinage. Aucun vœu, dit-on, ne les oblige, et il serait même difficile de préciser l'époque à laquelle ces processions ont commencé. Ce fut, sans doute, en des temps où la foi était plus vive que de nos jours et où la piété seule réglait la conduite des âmes, que se sont accomplies, pour la première fois, ces touchantes manifestations en l'honneur et à la gloire de Marie, la Mère des miséricordes.

La paroisse du Poujol paraît avoir été la première à monter processionnellement à *Capimont*. Elle faisait son ascension, tous les ans le lundi de Pâques, à l'exclusion de toute autre paroisse; et telle qui l'aurait faite en son jour, parce que la première avait été empêchée, était obligée d'attendre, avant de monter elle-même, que le Poujol eût fait son pèlerinage. La ville de Bédarieux a dû longtemps, par un privilége spécial, partager avec le Poujol cette primauté; car la tradition comme les documents recueillis et cités dans cet opuscule fixent invariablement le lundi de Pâques comme le jour où la ville de Bédarieux accomplissait le vœu de ses pères.

Depuis quand ces choses ont-elles changé? Je l'ignore. Peut-être le Poujol a-t-il revendiqué pour lui seul un droit qui lui venait de M. de Thézan, propriétaire de l'église de *Capimont*, dont le curé du Poujol était chapelain. On a conservé dans le pays le nom d'un de ces chapelains: *Villebrun de Poujol.* Il s'était retiré sur la montagne, où il vivait avec un enfant, son proche parent, qui le servait à l'autel et qui étant mort fut inhumé à côté de la chapelle.

Après le Poujol, c'est la paroisse des Aires qui monte à Capimont: les Aires, nom d'un petit village sur la rive gauche de l'Orb, entouré de grands noyers; puis c'est Hérépian, bien plus considérable que les Aires, de l'autre côté de l'Orb, en amont du fleuve et au milieu duquel se croisent les routes de Béziers à Saint-Gervais et de Bédarieux à Saint-Pons. Depuis environ douze ans, Hérépian est chargé de l'entretien de la chapelle, honneur qui a été partagé par le Poujol et par la ville de Bédarieux avant que Mgr Thibault en eût confié la charge à M. le curé d'Hérépian. Au cinquième rang vient Villecelle, au sixième Combes, village assis sur les flancs du Carous; au septième rang c'est Villemagne-l'Argentière, où l'on trouve encore des traces de l'hôtel des monnaies et de la célèbre abbaye de bénédictins dont l'église existe en partie. Taussac ferme cette série de processions le lundi de la Pentecôte. Toutes ces paroisses, à peu de distance de *Capimont*, semblent former une ceinture d'enfants qui se serrent aux côtés de la Vierge mère, et la Vierge, du haut de la montagne, repose ses regards avec amour sur ces populations si dévouées à son culte, si jalouses de son honneur.

Puisse la Vierge Marie les protéger longtemps, et, en les défendant contre les fléaux de la Providence, éloigner d'elles le poison du mal qui, aux portes du vallon, exerce d'affreux ravages !

IX

Bienfaits obtenus à Notre-Dame de Capimont.

La piété du lecteur ne serait peu-être point satisfaite, si après tous les détails donnés sur les pèlerinages à Notre-Dame de Capimont, je ne disais rien des grâces signalées obtenues sur la montagne. Ceux-là seuls cependant pourraient le dire qui ont joui du bienfait.

Ce serait en première ligne Mlle de Thézan, recouvrant la santé après un vœu à la Vierge Mère. Ce serait la ville de Bédarieux tout entière, délivrée de la peste, protégée ensuite pendant près de trois siècles contre la contagion, et secourue au choléra de l'année 1854.

Ce seraient ces étrangers nombreux d'avant la révolution, venus de loin au sanctuaire vénéré, porter aux pieds de Marie l'expression de toute leur reconnaissance.

Ce serait la ville de Pézenas, députant vers Notre-Dame de Capimont un certain nombre de ses enfants parce que la suette sévit au milieu d'elle, et laissant plantée sur la montagne, sur un roc qui domine le vallon de Lamalou, une croix, témoignage éternel de leur reconnaissance et de leur foi.

Ce serait ce pieux habitant du Poujol torturé par une fièvre ardente, prenant un jour le chemin de la montagne, remplissant d'une eau limpide des traces de pieds humains que la légende veut être celles de la Vierge montant au ciel, se désaltérant ensuite dans le creux du rocher et obtenant à l'instant la guérison qu'il avait sollicitée.

Ce seraient ces deux jeunes enfants de Bédarieux accroupis un jour avec leur vieille mère, au coin de l'âtre, en proie eux aussi aux agitations de la fièvre, pendant que leur père plein de foi et d'amour en la Vierge de Capimont gravit la pente escarpée de la montagne, assiste au saint sacrifice, sollicitant la guérison de ses enfants. Fortifié par la prière et plein de confiance en la protection de celle qu'il vient d'invoquer, A... B... descend de la montagne, emportant avec lui le vin qui était resté après le sacrifice. Il est impatient de revoir sa famille. Aussitôt arrivé à Bédarieux, il va droit à la rue du Vignal, où il a laissé sa femme et ses enfants. A peine était-il entré que la mère toute en larmes lui raconte de quel effroi subit ont été saisis les deux pauvres petits souffrants, le cri déchirant qui s'est échappé de leur poitrine, et les agitations terribles de la fièvre qui a redoublé d'intensité. Femme ! prions !..... répond le père ; prions Notre-Dame !.... Et quand la prière fut finie, les enfants goûtèrent au vin qu'il avait apporté de *Capimont :* la fièvre avait à jamais disparu.

Ce seraient tant d'autres infortunés travaillés par la douleur et la souffrance, et gardant au fond de leur cœur, sans la publier, la reconnaissance de nombreux bienfaits obtenus sur la montagne.

Ce seraient les baigneurs de Lamalou, heureux de joindre à l'efficacité des eaux l'efficacité de la protection de la Sainte Vierge, qu'ils vont bien souvent prier le matin ou le soir dans son sanctuaire de Capimont.

Et maintenant, que n'aurais-je pas à dire des bienfaits de Marie dans les âmes ! Combien qui, après l'avoir invoquée, ont senti se briser les chaînes qui les retenaient captifs ! Combien qui ont senti renaître dans leur cœur l'amour de la prière, qui ont vu se rallumer dans leur âme les ardeurs de l'amour divin ! Combien qui, après avoir erré longtemps hors des sentiers de la vertu, y ont été ramenés, conduits par la main bienfaisante de la Vierge de *Capimont* !

Continuez donc, ô Marie ! d'étendre votre protection toute-puissante sur ceux qui viendront vous prier sur la sainte montagne. Couvrez de votre sollicitude maternelle tous vos enfants qui vous implorent. Abaissez sur moi en particulier un regard d'amour et recevez le faible hommage que je vous fais de ces lignes, écrites en votre honneur. Je vous les confie, ô ma bonne Mère ! Puissent-elles, après avoir coopéré à l'extension de votre culte, affermir de plus en plus dans les âmes la confiance et l'amour qui doivent remplir le cœur de tous vos véritables enfants !

NEUVAINE

A

NOTRE-DAME DE CAPIMONT

PRIÈRE POUR L'OUVERTURE DE LA NEUVAINE.

C'est une grande consolation pour moi, ô mon Auguste Souveraine, de savoir que pendant ces neuf jours qui précèdent la grande fête sur la montagne où vous faites éclater votre toute-puissance, et que nous célébrerons avec pompe, il y aura un très-grand nombre de fidèles qui, s'intéressant à votre gloire, béniront le Seigneur de vous avoir donné tant d'élévation et de vous avoir glorifiée d'une manière si admirable.

Moi aussi, m'intéressant à tout ce qui fait votre bonheur, je veux le bénir. Je m'unis donc à eux, comme ils s'unissent à moi, pour lui offrir les mêmes actions de grâce. Daignez, ô mon Dieu! les écouter favorablement. Nous vous bénissons, vous aussi, ô Marie! de tous les bienfaits, soit spirituels, soit temporels, dont vous nous avez comblés, quoique nous ayons fait si peu pour les mériter. Nous vous supplions avec larmes de ne jamais cesser de nous protéger.

Tendre Mère, nous vous offrons tous nos cœurs; que pas un ne soit rejeté de vous. Que les prières des âmes ferventes aident les prières des âmes tièdes, et même celles des âmes coupables; qu'elles montent toutes ensemble jusqu'au pied de votre trône, et en fassent descendre sur nous ces bénédictions abondantes qui disposent à une sainte mort et assurent les récompenses du ciel. Ainsi soit-il!

PREMIER JOUR

Vertus de Marie.

PREMIER POINT.

Nombre des vertus de Marie.

On ne saurait douter que Marie n'ait pratiqué toutes les vertus dont son Divin Fils est venu donner l'exemple à la terre. Le saint Évangile nous le fait assez comprendre, quand il nous dit qu'elle était pleine de grâce, *gratiâ plena*. C'est pourquoi, dit saint Thomas, les autres saints ont excellé en quelque vertu en particulier, Marie a excellé en toutes. Elles ont été si multipliées, dit un pieux auteur, qu'il serait plus aisé de compter les étoiles qui décorent la voûte des cieux que les vertus qui ont si magnifiquement ennobli le saint cœur de Marie.

IIe POINT.

Perfection des vertus de Marie.

Dieu, dit saint Julien, ayant voulu se choisir une mère, a dû s'en choisir une dont les vertus ne fussent pas communes, mais plus parfaites que celles de toutes les autres créatures. Aussi saint Chrysostome s'écrie-t-il : Que me

5.

présenterez-vous de plus parfait que Marie? Ce ne sont ni les Prophètes, ni les Apôtres, ni les Martyrs, ni les Trônes, ni les Dominations, ni aucune créature, soit visible, soit invisible. Oh! donc, quel ravissant spectacle que celui des dons précieux dont Marie a été enrichie!

IIIe POINT.

Fruit des vertus de Marie.

Les vertus de Marie, comme autant de soleils, jettent un vif éclat qui charme tous les yeux et répandent en même temps une odeur divine qui gagne tous les cœurs. C'est ainsi que la contemplation des vertus de Marie a porté tant d'âmes à immoler à Dieu les attachements du monde, les inclinations de la nature et le charme des plaisirs. Que faisaient-elles autre chose que courir après elle, à l'odeur de ses parfums?

PRIÈRE.

O Marie! je sens que vos vertus m'attirent, qu'elles m'animent. Il me semble que je vais courir sur vos traces. Mais, ô reine des vertus, ô ma protectrice, ô ma mère! la faiblesse m'accable si fort, que si vous ne me soutenez je ne ferai pas même un seul pas pour vous suivre. Daignez donc, ô Marie! me secourir efficacement; c'est ce que j'attends de votre maternelle bonté. Ainsi soit-il!

DEUXIÈME JOUR

Humilité de Marie.

PREMIER POINT.

Marie comprend la nécessité de l'humilité.

Jésus-Christ, venu du ciel sur la terre pour nous enseigner les voies qui conduisent au souverain bonheur, nous a laissé ce précepte : *Apprenez de moi que je suis doux et humble de cœur.* Marie a été si docile aux leçons de son Divin Fils et si fidèle à copier ce modèle, qu'elle est devenue la plus parfaite imitatrice de ses vertus, et en particulier de son humilité. De là, cette sainte passion qu'elle avait pour les humiliations, et qui la portait à un entier oubli d'elle-même pour rapporter tout à Dieu.

IIe POINT.

Marie a été humble dans ses sentiments.

Il n'y a qu'à considérer la manière dont Marie se comporta lorsque l'Ange la salua pleine de grâce et lui annonça que Dieu l'avait choisie pour en faire la mère de son Fils. Toute remplie de la pensée de son néant, et bien loin de se laisser éblouir par le titre sublime que lui donne l'envoyé céleste, elle ne veut point d'autre qualité que celle de *servante du Seigneur*. Aussi Marie gagna-t-elle le cœur de Dieu et fit-elle descendre dans son sein virginal le Fils du Tout-Puissant, le roi du ciel et de la terre.

IIe POINT.

Marie est parfaitement humble dans ses actions.

Toutes les actions de la vie de Marie ont été toujours conformes aux bons sentiments qu'elle avait d'elle-même. Elle va chez sa cousine Élisabeth, et c'est pour lui rendre les offices humiliants de servante. Elle ne manifeste pas même à son chaste époux le bienfait qu'elle tient du ciel; elle se soumet à la cérémonie de la Purification et trouve son bonheur à se confondre avec le commun des femmes. Elle ne paraîtra à côté de son Fils que lorsqu'elle le verra couvert d'opprobres, sur le Calvaire, avant son dernier soupir.

PRIÈRE.

O mon Dieu! puisque je ne puis vous plaire sans humilité, je dis en ce moment anathème à l'orgueil. Je serai désormais humble dans mes pensées, me regardant comme digne de tout mépris; humble dans mes paroles, évitant de jamais rien dire qui puisse donner une bonne opinion de moi-même; humble dans mes actions, m'interdisant tout ce qui pourrait m'attirer l'estime des hommes. Pour que ces résolutions portent leur fruit, daignez, ô Marie! me servir de guide et de secours. Ainsi soit-il!

TROISIÈME JOUR

Amour de Marie pour Dieu.

PREMIER POINT.

Amour désintéressé.

Quoique Dieu trouve tout son bonheur à s'aimer lui-même, il a voulu néanmoins être aimé des hommes; c'est pourquoi il leur a donné ce précepte : *Vous aimerez le Seigneur votre Dieu de tout votre cœur*. On peut dire que Marie est celle de toutes les créatures qui a le plus parfaitement accompli ce précepte. Elle aima son Dieu sans autre désir que celui de lui plaire, au point que toutes ses pensées, tous ses sentiments, toutes ses espérances tendaient à Dieu seul comme à son unique fin.

IIe POINT.

Amour généreux.

Ce ne fut pas seulement quand le Seigneur combla Marie de ses grâces sensibles qu'elle l'aima si ardemment, mais elle l'aima encore avec la même ardeur dans le temps des plus grandes épreuves, et on peut dire que ni les souffrances les plus cruelles, ni les afflictions les plus accablantes dont sa sainte vie fut remplie, ne purent jamais l'arrêter un seul instant dans les voies du saint amour. Lisons et relisons la vie de tous les saints, nous n'en trouverons pas un seul qui ait si admirablement fourni sa carrière.

IIIe POINT.

Amour persévérant.

On peut appliquer à la Très-Sainte Vierge ces paroles du Cantique des cantiques : *Je dors, mais mon cœur veille.* En effet, tant que Marie fut sur la terre, elle aima toujours le Seigneur de cet amour dont il vient d'être parlé. Elle activa sans cesse par de saintes méditations les flammes divines qui brûlaient dans son cœur immaculé, jusqu'au moment où, le feu sacré l'ayant consumée de ses ardeurs, elle fut portée par les anges en triomphe dans le ciel, où elle ne vit plus que d'amour.

PRIÈRE.

Comptant sur votre protection, ô Marie ! je veux montrer par ma conduite combien est forte la résolution que je prends en ce moment d'aimer Dieu jusqu'à mon dernier soupir, de tout mon cœur, de toute mon âme, de toutes mes forces. Oui, ô mon Dieu ! que toute vanité s'éloigne, que la divinité approche, que la charité me consume tout entier. O amour, qui brûlez toujours sans jamais vous éteindre, brûlez et consumez mon cœur. O mon Dieu ! plutôt mourir que de ne pas vous aimer.

QUATRIÈME JOUR

Amour de Marie pour le prochain.

PREMIER POINT.

La charité de Marie pour les hommes a été surnaturelle.

Notre aimable Sauveur, voulant nous faire comprendre l'union inséparable qui existe entre l'amour de Dieu et l'amour du prochain, nous a dit à tous : *Vous aimerez le Seigneur votre Dieu de tout votre cœur, c'est le premier commandement; et vous aimerez le prochain comme vous-même, c'est le deuxième commandement qui est semblable au premier.* C'est ainsi que Marie, après avoir aimé son Dieu, aima tous les hommes. Elle desirait tant leur bonheur que, pendant son séjour dans le temple, au rapport de saint Bonaventure, elle ne cessa de prier le Seigneur d'envoyer à la terre le Messie promis.

IIe POINT.

La charité de Marie a été tendre et compatissante.

Comme Dieu destinait Marie à être la mère des hommes, il lui donna, en la créant, un cœur de mère pour eux.

Jésus-Christ lui communiqua à son tour les ardeurs de son amour pour nous à un tel degré, que jamais pure créature n'a aimé les hommes comme Marie les a aimés. On peut dire en parlant d'elle, comme de Dieu le Père : *Elle a aimé les hommes jusqu'à sacrifier son Fils unique.*

IIIe POINT.

La charité de Marie a été généreuse.

Le précepte de la charité divine nous ordonne de faire du bien, non-seulement à nos amis, mais même à nos ennemis, et c'est encore Marie qui nous a donné des exemples de cette charité héroïque. Il suffit de rappeler que son fils est à peine né, qu'Hérode cherche à le faire mourir. Pour le soustraire à sa fureur, elle fuit en Égypte, mange pendant des années le pain de l'exil, et, néanmoins, ni le ressentiment ni la haine n'entrent dans son cœur. Elle voit aussi les bourreaux, au jour de la Passion, décharger sur son fils les coups les plus terribles, tremper leurs mains dans son sang, et elle joint ses prières à celles de la victime; avec Jésus, elle dit à Dieu : *Père, pardonnez-leur; ils ne savent ce qu'ils font!*

PRIÈRE.

O ma tendre Mère! comment oserais-je désormais me présenter devant vous pour vous demander votre protection, dont j'ai un si grand besoin, si je conservais quelque sentiment de haine ou d'aigreur contre quelqu'un de mes semblables. Je désavoue dès ce moment des sentiments si peu chrétiens, qui déplaisent infiniment à Jésus-Christ votre Fils, et à vous, ma bonne Mère, qui me rejetteriez du milieu de vos enfants, si je refusais d'aimer ceux que Jésus-Christ a aimés jusqu'à l'effusion de son sang. Ainsi soit-il!

CINQUIÈME JOUR

Pureté de Marie.

PREMIER POINT.

Estime de Marie pour la pureté.

L'Esprit Saint qui servait de maître à Marie, et qui voulait la conduire dans les voies de la perfection la plus sublime, l'instruisit dès sa plus tendre enfance sur la plus sainte des vertus, la pureté. Il lui apprit que plus cette vertu serait parfaite en elle, plus elle ressemblerait à Dieu. Aussitôt, dans la vue de s'enrichir de ce précieux trésor, elle consacra, par le vœu d'une perpétuelle virginité, son corps au Seigneur, à qui elle avait déjà consacré les affections de son âme. Elle alla jusqu'à préférer la gloire de la virginité à la dignité de Mère de Dieu.

IIe POINT.

Précautions de Marie pour conserver la pureté.

Quoique la Très-Sainte Vierge fût impeccable, elle prit néanmoins toutes les précautions possibles pour se conserver dans la pureté la plus parfaite. Elle fit vœu de virginité perpétuelle, veilla sur son cœur avec le plus grand soin, se condamna à une vie retirée, eut sans cesse recours à la prière et pratiqua le jeune et la mortification, comme si elle eût eu à redouter les piéges de Satan.

IIIe POINT.

Récompenses qu'a méritées à Marie la pureté.

L'estime que Marie eut pour la plus aimable des vertus, et les précautions qu'elle prit pour la conserver dans toute sa perfection, lui méritèrent la gloire de la maternité divine. Il est vrai, comme l'enseigne saint Bernard, que ce fut son humilité qui fit descendre le Fils de Dieu dans son chaste sein; mais sa parfaite pureté en avait préparé les voies. C'est ce que nous apprend l'Église quand, s'adressant à Jésus-Christ, elle lui dit: Vous n'avez pas eu horreur de vous incarner dans le sein d'une vierge: *Non horruisti virginis uterum*.

PRIÈRE.

O bon Jésus! que j'ose appeler l'aimable époux de mon âme, daignez parer et orner cette pauvre âme de toutes les beautés de la sainte pureté, afin qu'elle soit trouvée digne de vous. Et vous, ô la plus pure des Vierges! je sais que ce serait en vain que je me flatterais d'être protégé de vous, si je ne m'efforçais de vivre dans la plus grande pureté d'âme et de corps. Et parce que les dangers sont multipliés et ma faiblesse extrême, je vous conjure de vouloir bien m'obtenir ces grâces qui amortissent, éteignent même le feu des passions et font vivre, dans une chair corrompue, avec une pureté angélique. Ainsi soit-il !

SIXIÈME JOUR

Modestie de Marie.

PREMIER POINT.

Principe de la modestie de Marie.

La vraie modestie trouve son principe dans l'intérieur de l'homme et en règle l'extérieur comme la piété en règle l'intérieur. Elle peut donc être appelée le fruit et l'ornement de toutes les vertus. Or, Marie a gardé la plus exacte modestie dans toutes les actions de sa vie sainte et pure, parce qu'elle possédait dans leur perfection toutes les vertus qui la produisent. Mais ce qui contribua surtout à maintenir Marie dans une modestie continuelle, ce fut le souvenir de la présence de Dieu, qu'elle ne perdait jamais de vue.

IIe POINT.

Comment s'est montrée la modestie de Marie.

Les sens de Marie, dit un pieux auteur, étaient surtout dirigés par la sagesse. Toute sa personne était grave sans faste, modeste sans affectation. Tout semblait surhumain en Marie, et on pouvait comprendre, dès son enfance même, que le Seigneur la destinait à quelque chose de grand, puisqu'elle se montrait déjà si accomplie. Selon saint Épiphane, la modestie de Marie paraissait à tous les hommes judicieux un prodige qui faisait dire qu'on n'avait jamais rien vu de semblable. Ses habillements, la douceur de son regard, la composition de son visage, ses discours, ses démarches faisaient de Marie l'image la plus parfaite de la Divinité.

IIIe POINT.

Fruit de la modestie de Marie.

La modestie qui reluisait dans Marie et dans toutes ses actions produisait de si salutaires impressions sur ceux qui en étaient témoins, que l'on assure qu'après la mort de son divin Fils, les chrétiens se rendaient en foule dans les lieux qu'elle habitait pour la voir, et tous se sentaient merveilleusement portés à la vertu. Saint Denis l'aréopagite, qui vivait de son temps, s'écriait, après l'avoir vue: « En la présence de cette vierge sainte, je me sentis environné d'un si grand éclat de lumière, pénétré de tant de rayons de la divinité, embaumé d'une odeur si suave, que mon corps misérable et mon esprit ne pouvaient supporter une si grande félicité. »

PRIÈRE.

O ma bonne mère ! la modestie est donc la marque à laquelle on peut reconnaître que l'on vous aime. En faut-il davantage pour m'engager à ne jamais rien faire qui soit contraire à cette si sainte vertu ? Ce ne sera pas en vain que je prends la résolution de vous imiter. Vous m'aiderez à l'accomplir. Le changement qui s'opérera en moi, je le devrai, o Marie ! à votre bonté, et il sera pour moi une preuve bien consolante que vous m'avez admis au nombre de vos enfants. Ainsi soit-il !

SEPTIÈME JOUR

Souffrances de Marie.

PREMIER POINT.

Pourquoi Marie a été éprouvée.

Si Marie a été si cruellement éprouvée, ce n'est pas que Dieu voulût punir en elle le péché ; mais, comme elle devait coopérer au grand sacrifice de l'immolation de son Fils pour le salut du monde, elle devait être la copie la plus parfaite de ce Dieu Sauveur et pouvoir nous dire à tous, avec bien plus de vérité encore que saint Paul : *Soyez mes imitateurs, comme je suis l'imitatrice de Jésus-Christ.*

IIe POINT.

Quelles ont été les souffraces de Marie.

Pour se former une idée des souffrances de Marie, il suffit de savoir que ses douleurs ont été continuelles et si crucifiantes, qu'elle a souffert, elle seule, plus que tous les martyrs ensemble. Elle a souffert quand elle a vu que son chaste époux pensait à l'abandonner ; quand elle a vu son Fils naissant couché dans une crêche ; quand elle fut contrainte de fuir en Égypte ; pendant la passion de son Fils, quand elle entendit blasphémer contre lui, après l'avoir rencontré sur le chemin du Calvaire, succombant sous le fardeau de sa croix ; et quand elle le vit attaché sur cette même croix, entre deux scélérats infâmes.

IIIe POINT.

Comment Marie a souffert.

Il ne nous suffit pas de savoir pourquoi Marie a souffert ni tout ce qu'elle a eu à souffrir, il faut que nous sachions encore que Marie a souffert toutes les peines de cette vie, quelque amères qu'elles aient été, avec une conformité parfaite au bon plaisir de Dieu. Il ne lui échappa jamais une parole, elle ne forma jamais un sentiment qui ne s'accordât avec la résignation la plus parfaite. Elle ne s'est jamais écartée de cette parole : *Je suis la servante du Seigneur, qu'il me soit fait comme il le voudra.*

PRIÈRE.

Qu'il m'importe donc, ô Marie ! de vous imiter dans votre résignation à tout souffrir. Pour le faire efficacement, je me propose, dans toutes mes épreuves, de me rappeler ce calme, cette paix que vous avez toujours conservés au milieu même des plus grandes amertumes. Animé par votre exemple et fortifié par votre secours, je serai si résigné, que les souffrances n'auront point d'autre effet que celui de me faire expier mes péchés, de m'unir étroitement à Jésus-Christ et à vous, ma bonne Mère; de me détacher entièrement de la terre, et de me faire soupirer ardemment après le bonheur du ciel. Ainsi soit-il!

HUITIÈME JOUR

Piété de Marie.

PREMIER POINT.

Piété éclairée.

Quoique Marie fût parfaitement instruite dans les voies de Dieu par le Saint-Esprit, néanmoins elle ne négligeait rien pour s'éclairer par elle-même. Elle lisait assidûment les saintes Écritures, où elle trouvait les hautes connaissances qu'elle avait de Dieu, de ses perfections et des devoirs des hommes envers leur créateur. Devenue Mère du Fils de Dieu, elle s'appliqua à connaître les dispositions de ce divin modèle, afin d'y conformer les siennes. Il est dit, en effet, qu'elle *écoutait toutes les paroles qui sortaient de sa bouche et les conservait dans son cœur*, pour en faire la règle de sa conduite.

IIe POINT.

Piété fructueuse.

Un arbre qui est bon doit nécessairement porter de bons fruits. C'est ainsi qu'il doit en être de la piété. Quand elle est bien entendue, elle produit nécessairement des fruits de salut. *Car la piété*, dit saint Paul, *est utile à tout*, à la gloire de Dieu, à notre sanctification, au prochain, au bonheur duquel elle s'intéresse. Telle a été la piété de Marie. Elle s'est employée à la gloire de Dieu en méditant ses grandeurs ineffables, à sa perfection en pratiquant toutes les vertus ; en traitant ses semblables avec une affection de Mère, elle l'a rendue utile au prochain.

IIIe POINT.

Piété récompensée.

La piété de Marie lui a mérité la double récompense du temps et de l'éternité. Dieu, pendant sa vie, lui a fait part avec profusion de ses dons les plus privilégiés, établissant avec elle des communications ineffables qui l'ont rendue la créature la plus élevée en grâce et en mérites devant Dieu et devant les hommes. Nous ne connaîtrons la magnificence de ses récompenses éternelles que quand nous serons avec elle dans le ciel.

PRIÈRE.

O Jésus ! secondez mes efforts ; faites-moi surmonter tous les obstacles, afin que ma conduite témoigne de ma fidélité à la résolution que je prends en ce moment de rendre en tout ma piété semblable à celle de Marie. Et vous, Vierge sainte ! obtenez-moi par vos prières une piété qui élève mon cœur vers le ciel et me fasse croître sans cesse dans l'amour de Jésus, dans cet amour pur et fidèle qui porte l'âme à s'attacher à Dieu de toute son affection et de toutes ses forces. Ainsi soit-il !

NEUVIÈME JOUR

Moyens que Marie a employés pour arriver à la perfection.

PREMIER POINT.

Esprit de prière.

On peut réduire à trois les moyens que Marie a employés pour s'élever à la sublime perfection où elle est parvenue. Le premier a été l'esprit de prière. En effet, Marie commença à prier dès le premier instant de sa conception, et sa prière n'a jamais été interrompue jusqu'à sa mort bienheureuse. Ce n'est pas qu'elle fût toujours prosternée, mais elle était toujours attentive à la voix de Dieu qui se faisait entendre dans le secret de son cœur.

IIe POINT.

Exemption de tout péché.

Le deuxième moyen que Marie a employé pour arriver à la plus sublime perfection, a été l'exemption de tout péché. De là cette exacte vigilance qu'elle exerçait sur elle-même, ces examens fréquents, cette attention rigoureuse à garder ses sens, cette docilité à correspondre à la grâce, et cette généreuse ardeur à pratiquer tout ce qu'il y avait de plus parfait dans la loi de Dieu.

IIIe POINT.

Ferveur toujours croissante.

Le troisième moyen que Marie a employé pour arriver à la perfection, a été de croître toujours en ferveur. A mesure que le soleil se lève sur l'horizon, la lumière et la chaleur que répand cet astre augmentent jusqu'à ce qu'il arrive au plus haut point de sa course. Telle a été la vie toute sainte de Marie. Sa vertu ne cessa de prendre de nouveaux accroissements jusqu'à son dernier soupir. En effet, jouir ou souffrir, vivre ou mourir, tout lui fut égal pourvu que Dieu fût content.

PRIÈRE.

Il est temps, ô mon Dieu! que je commence à vous donner des preuves de ma ferveur. Me voici sous votre main toute paternelle : demandez moi tout ce qu'il vous plaira ; avec le secours de votre grâce, je me montrerai toujours docile. Je vous offre mon cœur, mon esprit, ma volonté, et vous consacre toutes mes actions, toutes mes peines et toutes mes adversités. O Marie! c'est dans votre cœur sacré que je dépose toutes les résolutions de cette Neuvaine ; faites les accepter à Jésus votre divin Fils, et daignez m'obtenir par vos saintes prières de les garder fidèlement jusqu'à mon dernier soupir. Ainsi soit-il!

CONSÉCRATION A LA SAINTE VIERGE

Au Sanctuaire vénéré de CAPIMONT.

Très-Sainte Vierge, mère de Dieu et ma mère, miroir admirable de toutes les vertus, souffrez que je me jette à vos pieds pour vous offrir l'hommage de ma reconnaissance et de mon parfait dévouement. Je désirerais, ô Mère de bonté! avoir les cœurs de tous les hommes pour vous les présenter. Je voudrais à chaque instant vous rendre tous les honneurs que les anges et les saints vous rendent à jamais dans le ciel. Mais, dans l'impuissance de satisfaire mes désirs, je veux faire au moins tout ce qui est en mon pouvoir. Prosterné dans votre sanctuaire, je vous choisis pour ma reine, ma souveraine maîtresse, ma protectrice et ma mère!

Ne refusez pas, ô Marie! de condescendre à mes désirs. Dès ce moment daignez me regarder comme un de vos enfants de prédilection. Je suis à vous; je vous appartiens sans réserve. Je vous donne mon corps, mon âme, mes sens, mes facultés, ma personne et ma vie. Anathème sur moi si je rougis jamais de votre culte, si je ne défends pas votre honneur contre tous ceux qui voudraient l'attaquer en ma présence, si je ne me fais pas une gloire d'être votre serviteur et votre enfant, si je laisse passer un jour sans vous rendre mes hommages et vous adresser mes prières! Je sais que les écueils m'environnent, je sais toute la fureur de mes ennemis; mais, avec vous, que ne dois-je pas espérer? Vous aurez compassion de votre enfant; écartez donc, ô ma Mère! les dangers auxquels je suis exposé; dissipez mes ennemis, soutenez ma faiblesse, assistez-moi dans tous les moments de ma vie, dirigez-moi jusqu'à la fin de ma course sur la mer orageuse de ce monde, et conduisez-moi au port de la bienheureuse éternité où j'espère vous bénir, vous louer, vous aimer avec tous les élus sans fin et sans partage. Ainsi soit-il!

LITANIES DE LA SAINTE VIERGE

Seigneur, ayez pitié de nous.
Jésus-Christ, ayez pitié de nous.
Seigneur, ayez pitié de nous.
Jésus-Christ, écoutez-nous.
Jésus-Christ, exaucez-nous.
Père céleste qui êtes Dieu, ayez pitié de nous.
Fils rédempteur du monde qui êtes Dieu, ayez pitié de nous.
Esprit saint qui êtes Dieu, ayez pitié de nous.
Trinité sainte qui êtes un seul Dieu, ayez pitié de nous.
Sainte Marie, priez pour nous.
Sainte Mère de Dieu,
Sainte Vierge des Vierges,
Mère de Jésus-Christ,
Mère de la divine grâce,
Mère très-pure,
Mère très-chaste,
Mère sans tache,
Mère sans souillure,
Mère aimable,

Priez pour nous.

Mère admirable,
Mère du Créateur,
Mère du Sauveur,
Vierge très-prudente,
Vierge digne de vénération,
Vierge digne de louanges,
Vierge puissante,
Vierge clémente,
Vierge fidèle,
Miroir de justice,
Siége de la sagesse,
Cause de notre joie,
Vase spirituel,
Vase d'honneur,
Vase insigne de dévotion,
Rose mystique,
Tour de David,
Tour d'ivoire,
Maison d'or,
Arche d'alliance,
Porte du ciel,
Étoile du matin,
Salut des infirmes,
Réfuge des pécheurs,
Consolatrice des affligés,

Priez pour nous.

Priez pour nous.

Secours des chrétiens,
Reine des Anges,
Reine des Patriarches,
Reine des Prophètes,
Reine des Apôtres,
Reine des Martyrs,
Reine des Confesseurs,
Reine des Vierges,
Reine de tous les Saints,
Reine conçue sans le péché originel,
Notre avocate,

Priez pour nous.

Agneau de Dieu qui effacez les péchés du monde,
Pardonnez-nous, Seigneur.
Agneau de Dieu qui effacez les péchés du monde,
Exaucez-nous, Seigneur.
Agneau de Dieu qui effacez les péchés du monde,
Ayez pitié de nous, Seigneur.
Jésus-Christ, écoutez-nous,
Jésus-Christ, exaucez-nous.
℣ Priez pour nous, sainte Mère de Dieu!
℟ Pour que nous soyons dignes des promesses du Christ.

PRIÈRE.

O sainte vierge Marie! quel bonheur pour moi de répéter à votre louange tous ces titres d'honneur que l'Église a rassemblés pour exciter notre vénération, notre confiance et notre amour envers vous ! Faites, par votre intercession, je vous en conjure, que cette prière me soit toujours chère, et que, par ma fidélité et ma ferveur à la réciter, j'obtienne la grâce de vous imiter sur la terre et de vous voir dans le ciel. Ainsi soit-il !

CANTIQUES

LE SANCTUAIRE

I.

Salut ! salut ! vieux sanctuaire
Toujours si cher à notre amour !
Salut ! asile séculaire
Où Marie a fait son séjour !
Qu'avec plaisir l'œil te contemple !
Le pèlerin, avec bonheur,
Depuis trois siècles dans ce temple
Répand l'hommage de son cœur.

II.

Jamais à ton vieux toit rustique
On n'a vu le voile d'oubli !
Ni ton autel, ni ton portique,
Ni notre amour, rien n'a vieilli !
Qu'en d'autres lieux une ruine
Recouvre aujourd'hui ton autel ;
Ici jamais branche d'épine
N'abritera l'oiseau du ciel.

III.

Comme un phare éclatant dans l'ombre,
Tu sers de guide au pèlerin.
Non ! avec toi pas de nuit sombre ;
Toujours tu luis sur le chemin.
Ah! dans mon cœur, demeure sainte,
Oui, tu vivras à tout jamais,
Avec ta clochette qui tinte
Et ta montagne et ses attraits.

IV.

Oh donc! Marie, ô mère aimante,
Reçois l'hommage de nos vœux ;
De cette foule qui serpente
Le long du chemin tortueux!
Elle vient à ton sanctuaire
Célébrer tes solennités.
Ils y sont tous, ô Vierge mère !
L'homme des champs et des cités.

V.

Les vois-tu tous sous ta bannière,
L'œil incliné sur le chemin ?
Leur cœur t'adresse une prière ;
Qu'ils ne t'implorent pas en vain!
De bonheur leurs âmes ravies
Chantent tout haut ton nom si doux,
Le chant pieux des Litanies,
Et le refrain : Priez pour nous !

VI.

Bénis la veuve qui t'implore
Et le vieillard à son déclin !
Bénis l'enfant que, jeune encore,
Le Ciel a fait pauvre orphelin !
Daigne descendre en la demeure
Où la douleur fait tant souffrir,
Et protége la dernière heure
Du malade qui va mourir.

VII.

Quand grondera le noir orage,
Éloigne-le de nos coteaux ;
Sous ton auguste patronage
Prend nos moissons et nos hameaux !
Garde nos champs, rends-les fertiles ;
Donne du pain au laboureur.
Près de toi, calmes et tranquilles,
T'aimer, Marie, oh ! quel bonheur !

REFRAIN.

De Capimont c'est la fête chérie,
Chantons, célébrons ce beau jour ;
A Capimont, à la Vierge Marie,
Portons nos vœux et notre amour.

LES ADIEUX

I.

Des pleurs coulent de ma paupière.....
J'aurais voulu, Reine des cieux,
Vous dire encore une prière,
Il faut vous dire un chant d'adieux.

REFRAIN.

Pourquoi faut-il, mère chérie,
Me séparer de ce saint lieu?
Hélas! mon âme est attendrie.
Adieu, ma bonne mère, adieu!

II.

Que j'ai versé de douces larmes,
Marie, auprès de votre autel.
Là, j'ai joui de tous les charmes
Que les élus goûtent au ciel.

III.

J'aurais voulu finir ma vie
Dans ce séjour si plein d'attraits,
Où la puissance de Marie
Fait éclater tant de bienfaits.

IV.

Revoir encor ce sanctuaire,
Où l'on reçoit tant de faveurs ;
Y vivre, y mourir, ô ma mère :
C'est le désir de tous les cœurs !

V.

Je pars, ma douleur est profonde ;
Je vais au milieu des combats.
Il me faut, pour vaincre le monde,
Et votre amour et votre bras.

VI.

Donnez, donnez-moi la victoire
Sur le monde et sur le démon,
Et qu'une couronne de gloire
Un jour au ciel orne mon front.

VII.

Je vous quitte, beau paysage
Que Marie a voulu bénir.
Adieu ! pour ange de voyage
J'aurai votre doux souvenir.

VIII.

Adieu, paisible sanctuaire
Où j'ai goûté tant de douceur.
Je pars, Marie ; adieu ma mère !
Mais à vos pieds, voici mon cœur.

FIN.

TABLE DES MATIÈRES.

www.ingramcontent.com/pod-product-compliance
Ingram Content Group UK Ltd.
Pitfield, Milton Keynes, MK11 3LW, UK
UKHW020202200726
13856UKWH00003B/1154

9 782013 072588